Ministero per i Beni e le Attività Culturali
Soprintendenza speciale per i beni archeologici di Roma

W0058914

·forum·romanum·
·palatin·
·kolosseum·
führer

Electa

Verlegerische Leitung
Cristina Garbagna

Grafische Leitung
Angelo Galiotto

Grafische Gestaltung
Tassinari/Vetta, Leonardo Sonnoli
con Alessandro Panichi

Redaktion
Emilia Sala

Satz
in.pagina srl, Mestre-Venezia

Technische Leitung
Andrea Panozzo

Übersetzungen
Klaus Ruch

Texte herausgegeben von
Claudia Costantino

Neue Auflage 2012
Erste Ausgabe 2008

© Ministero per i Beni
e le Attività Culturali
Soprintendenza speciale
per i beni archeologici di Roma

Eine Veröffentlichung von
Mondadori Electa S.p.A., Milano

www.electaweb.com

Inhalt

1

9 **Das Forum Romanum**
11 Die Nordseite
12 Die Westseite
15 Der zentrale Platz
17 Die Südseite
18 Die Ostseite
21 Das Gefängnis Mamertinus-Tullianum
Santa Maria Antiqua
25 Der Vestatempel
Das *Antiquarium*
26 Der Titusbogen
29 Das Forum Romanum zwischen
dem 6. und 9. Jh.

2

33 **Der Palatin**
34 Der *Clivus Palatinus*
Die *Domus Tiberiana*
38 Der Südwesten
Die *Domus Flavia*
und die *Domus Augustana*
41 Die Südecke: die Bauten
der Severer
44 Die östliche Ecke
Der *Circus Maximus*
Die *Orti Farnesiani*
45 Der Tempel des Apoll und das Haus
des Augustus
49 Das Haus der Livia
50 *Aula Isiaca*
53 Die Loggia Mattei
55 Die *Casa dei Grifi*
57 Museo Palatino: von den Ursprüngen
Roms bis zu den *Fasti Imperiali*

3

61 **Das Kolosseum-Tal**
Das Kolosseum
71 Der *Ludus Magnus* und die anderen
„Dienstgebäude"
Der Konstantinsbogen
75 Die *Meta Sudans*
77 Der Tempel der Venus und der Roma

4

81 **Die Domus Aurea**
86 Von der Wiederentdeckung zum Mythos
87 Die Besichtigung

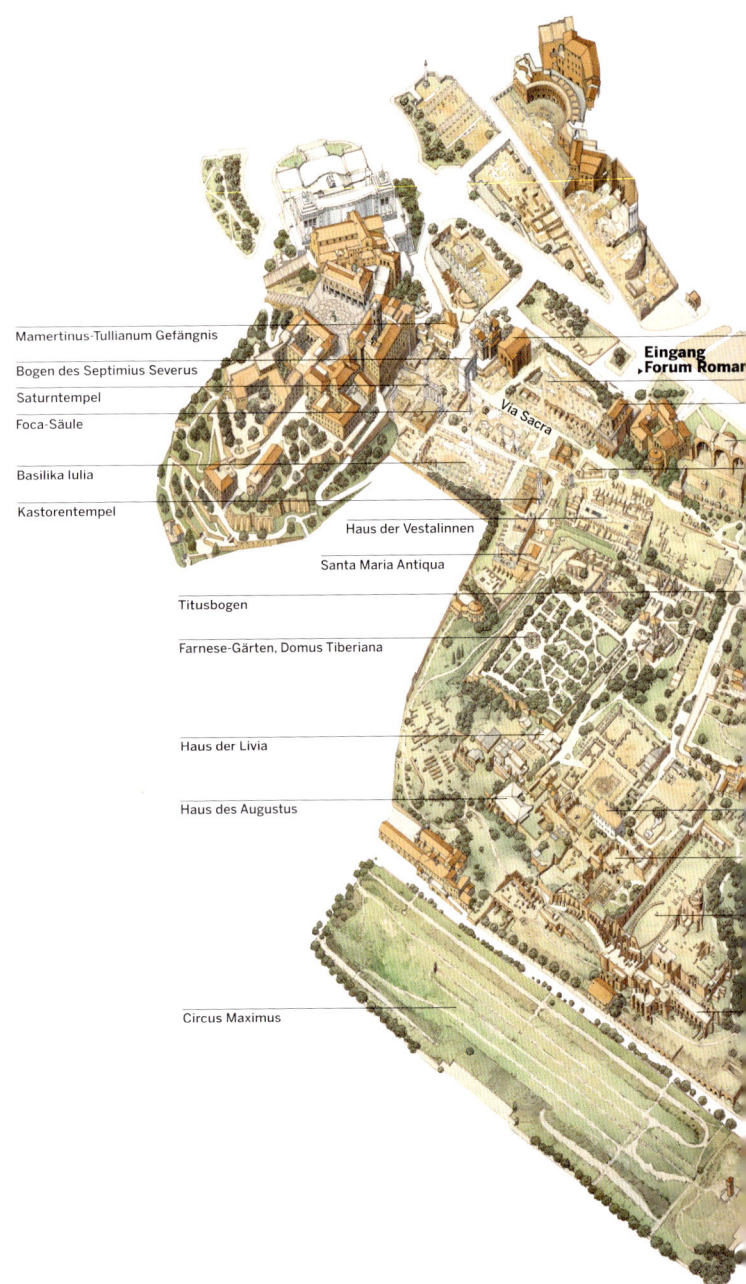

Mamertinus-Tullianum Gefängnis

Bogen des Septimius Severus

Saturntempel

Foca-Säule

Basilika Iulia

Kastorentempel

Eingang Forum Romar

Via Sacra

Haus der Vestalinnen

Santa Maria Antiqua

Titusbogen

Farnese-Gärten, Domus Tiberiana

Haus der Livia

Haus des Augustus

Circus Maximus

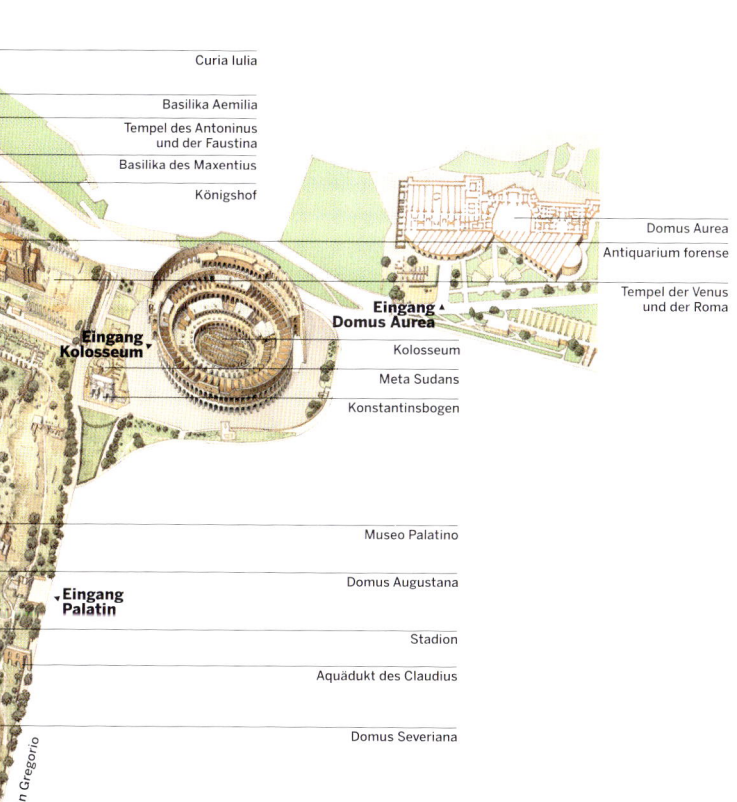

Curia Iulia

Basilika Aemilia

Tempel des Antoninus
und der Faustina

Basilika des Maxentius

Königshof

Domus Aurea

Antiquarium forense

Tempel der Venus
und der Roma

**Eingang
Domus Aurea**

Kolosseum

**Eingang
Kolosseum**

Meta Sudans

Konstantinsbogen

Museo Palatino

Domus Augustana

**Eingang
Palatin**

Stadion

Aquädukt des Claudius

Domus Severiana

Via di San Gregorio

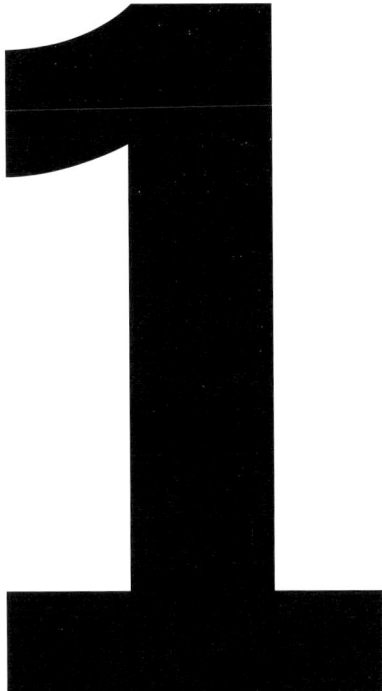

Das Forum Romanum

Das Forum Romanum

In der Königszeit war es ein sumpfiges Tal, in dem die Bewohner der Hügel ihre Toten begruben. Unter der etruskischen Dynastie der Tarquinier wurde das Forum zum ersten Mal gepflastert und als Ort des öffentlichen Lebens genutzt; vor allem wurde dabei der Bach Velabrus durch den Bau der *Cloaca Maxima* kanalisiert.

Im 6. Jh. v. Chr. baute man das *Comitium*, das zusammen mit der *Curia Hostilia* den eigentlichen Versammlungsort der Bürger, Senatoren und römischen Magistrate bildete, gleichzeitig entstanden die ältesten Kultstätten der Stadt (Saturn, Vulkan, Mars und Vesta).

Die zweite Hälfte des 5. Jh. v. Chr. war eine dunkle Zeit für die Geschichte Roms und damit die des Forums. Die Bautätigkeit begann etwa nach dem Brand durch die Gallier (390 v. Chr.), aber eine planvollere monumentale Platzgestaltung begann mit dem Ende der punischen Kriege (Ende 3., Anfang 2. Jh. v. Chr.), als Rom das Mittelmeer beherrschte. Die gewachsene politische Macht und die Vielfalt der Kontakte schufen neue städtebauliche Bedürfnisse. So kam es zur Konstruktion großer Bauwerke, in denen die Wirtschafts- und Rechtsgeschäfte (die Basiliken) abgewickelt wurden, und zur Restaurierung der Heiligtümer.

Um die Mitte des 1. Jh. v. Chr. ließ Cäsar für den Bau seines Forums das *Comitium* abreißen und die *Curia* wiederaufbauen. Später gab Augustus die Errichtung des Tempels für den vergöttlichten Cäsar an der O-Seite des Platzes in Auftrag. Mit dem Bau der Kaiserforen blieb das Forum zwar das symbolische Zentrum des römischen Staates, verlor aber seine reale politische Funktion und wurde zum Ort der Vergöttlichung des Kaisers *post mortem*.

Neben vielen Restaurierungen geschah der letzte monumentale Eingriff auf Veranlassung von Maxentius am Anfang des 4. Jh. n. Chr.

Gesamtansicht des Forum Romanum
vom Kapitol aus gesehen

Die *Curia Iulia*, im Vordergrund der Sockel
der *Decennali*

Danach begann ein langsamer Verfall des Forums wie auch der übrigen Stadt.

Die Nordseite

Vom Largo Romolo e Remo geht man bis zur Via Sacra hinunter, der Straße, die von Ost nach West das Forum durchquert und auf der die religiösen Prozessionen und die Triumphzüge entlang zogen. In Richtung Campidoglio trifft man auf die **Basilika Aemilia**. Sie wurde von einem Mitglied der Familie Aemilia gegründet, eine republikanische Anlage, auch wenn ihre heutige Gestalt das Ergebnis verschiedener Eingriffe der Kaiserzeit ist. Wie in der Basilika Iulia auf der gegenüber liegenden Seite wurde hier Gericht gehalten, bei schlechtem Wetter auch der Warenhandel, der normalerweise unter freiem Himmel stattfand.

An der Seite zum Forum hin, wo die Eingänge waren, sind heute nur noch einige Baufragmente des Portikus zu sehen, den Augustus seinen prädestinierten Nachfolgern Gaius und Lucius Cäsar widmete. Dort sind noch die *Tabernae* der *Argentarii* (Geldwechsler) zu erkennen. In der nordwestlichen Ecke liegen das *Comitium*, die *Curia* und die *Rostra*. Vom republikanischen *Comitium*, dem Schauplatz der Volksversammlungen, sind nur noch spärliche Reste vorhanden, weil Cäsar das Gelände für seine neue *Curia Iulia* brauchte. Es handelte sich um einen runden, mit Stufen gesäumten Platz. Daneben befand sich wohl die älteste *Curia*, in der sich der Senat versammelte. Das große Backsteingebäude ist die **Curia Iulia**, die im 8. Jh. zur Kirche umfunktioniert wurde.

Heute sind in der *Curia*, auch wenn sie zu einem Monument auf dem Forum gehörten, zwei Reliefs aufgestellt, die Trajanwände: die Zerstörung des Schuldenregisters und die Einrichtung eines Hilfsfonds für mittellose Familien; beide im SO-Abschnitt des Forums.

Ein weiterer bedeutender Ort für das politische Geschehen in Rom war die Tribüne der Magistrate, die *Rostra* (so genannt, nachdem dort die Schiffschnäbel – *rostrum* – der bei Antium 338 Jh. n. Chr. besiegten Schiffe angebracht worden waren), und der Bogen des Septimius Severus, von dem nur die Reste aus augustäischer Zeit erhalten sind.

Gegenüber der *Curia* steht der *Lapis Niger*, ein Fußbodenabschnitt aus schwarzem Marmor, umgeben von einer Balustrade, angeblich die Stelle, an der Romulus ermordet wurde oder im Himmel verschwand oder das *Volcanale* (das Heiligtum Vulkans) stand. Grabungen an dieser Stelle haben tatsächlich die Reste eines kleinen Freiluftheiligtums zutage gefördert, bestehend aus einem Altar, dem Sockel einer Statue und einem Grabstein mit altlateinischer Inschrift aus der Königszeit (6. Jh. v. Chr.), die sich als heiliges Gesetz interpretieren lässt. Es handelt sich demnach um einen alten heiligen Ort, Vulkan geweiht, mit dem der Kult des ersten Königs in Verbindung gebracht wurde.

Die Westseite

Die Via Sacra führt unter dem **Bogen des Septimius Severus** hindurch, ein mit Marmor ausgekleideter dreibogiger Triumphbogen, der 203 n. Chr. errichtet wurde, um den Sieg über die Parther zu feiern. In der Attika befindet sich die Widmungsinschrift für Septimius Severus und seinen Sohn Caracalla. Das Bauwerk ist reichhaltig dekoriert (Siegesgöttinnen mit Trophäen, Personifizierungen der Jahreszeiten, Flussgöttinnen), aber der originellste Teil besteht aus vier Tafeln mit den wichtigsten Ereignissen der Feldzüge. Zur Verherrlichung des Kaisers stand eine Bronzequadriga auf dem Bogen. Neben dem südlichen Pfeiler steht eine runde Backsteinstruktur, *Mundus* oder *Umbilicus Urbis* genannt; sie galt als Mittelpunkt Roms und Grenze zum Reich der Toten.

An dieser Seite stehen einige Kultgebäude wie der Concordiatempel, von Camillus erbaut, um das Ende der Kämpfe zwischen Patriziern und Plebejern zu sanktionieren. Heute ist vor Ort nur noch das Podium vorhanden, aber die großartige architektonische Dekoration, die im *Tabularium* aufbewahrt wird, bezeugt die Bedeutung dieses Heiligtums, in dem sich oft der Senat versammelte und Tiberius seine griechischen Originalstücke aufstellte, die er nach Rom mitgebracht hatte. Daneben steht der Tempel von Vespasian und Titus, den Domitian für den zum Gott erhobenen Vater und Bruder errichten ließ. Erhalten sind drei korinthische Säulen, der Architrav und ein Teil der Inschrift.

Der Bogen des Septimius Severus

Der Saturntempel vom Kapitol
aus gesehen

Ebenfalls an den Hängen des Campidoglio steht ein Gebäude auf stumpfwinkligem Grundriss, an dessen Seiten acht Räume abgehen. Die Inschrift im Querbalken weist die Anlage als Portikus der Dei Consenti aus, erbaut in flavischer Zeit auf einem republikanischen Heiligtum. In den Räumen hinten befanden sich die Statuen der Dei Consentes, der zwölf Götter, die zum obersten Götterrat zusammentraten. An der SW-Ecke stehen die Säulen des **Saturntempels**, der die ursprüngliche Kultstätte der *Ara Saturni* ersetzte, sichtbar gegenüber der Freitreppe unter einem Dach. Was vom Tempel erhalten ist, stammt aus dem 3. Jh. n. Chr., mit Ausnahme des Podiums und des Vorbaus aus spätrepublikanischer Zeit. Der Vorbau war völlig leer, denn er war das Erarium, der Staatsschatz Roms.

Der Säulensockel davor ist alles, was vom *Miliarium Aureum* geblieben ist, der Säule, die Augustus errichten ließ, um den Punkt zu markieren, an dem alle Straßen des Imperiums zusammen liefen.

Der zentrale Platz

Im zentralen Bereich stehen späte Ehrenmale: die Säule des byzantinischen Kaisers Foca, das zuletzt errichtete Monument auf dem Forum (608 n. Chr.), und die sieben Säulen aus der Spätantike an der Südseite des Platzes. Östlich der **Focasäule** sieht man auf dem Boden eine große Inschrift, die an den Verantwortlichen für die Pflasterung während des Prinzipats von Augustus erinnert, *Lucius Naevius Surdinus*.

Die drei heiligen Bäume, der Feigenbaum, der Olivenbaum und der Weinstock, die nach Plinius dem Älteren in der Platzmitte standen und in der Kaiserzeit den *Ficus Ruminalis* ersetzten, den heiligen Baum des Gottes Faun, wurden vor den *Rostra* neu gepflanzt.

In der Platzmitte befindet sich ein tiefer liegender Bereich, der *Lacus Curtius*; bis zu Augustus sumpfiges Gelände, dann durch den Bau eines Brunnens trocken gelegt. Curtius soll ein Sabinerfürst gewesen sein, der vom Pferd in den *Lacus* (See) gefallen ist; eine Darstellung des Vorgangs findet sich auf dem in der Nähe gefundenen spätrepublikanischen Relief. Nach Titus Livius geht der Name auf den Konsul Caius Curtius zurück, der in der Mitte des 5. Jh. v. Chr. ein vom Blitz getroffenes Gebiet eingrenzen ließ.

Die drei korinthischen Säulen
des Kastorentempels

Die Ostseite des Forums wird vom Tempel des *Divus Iulius* abgeschlossen, den Augustus 29 Jh. n. Chr. anlässlich der Vergöttlichung Cäsars nach seinem Tod errichten ließ. Heute ist nur noch das Podium da und Reste eines Altars an der Stelle, an der Cäsar verbrannt wurde. An der Südseite des Tempels stehen die spärlichen Reste eines Triumphbogens, den Augustus für den Sieg über Antonius bauen ließ. Die *Rostra* der bei Actium besiegten Schiffe wurden an den *Rostra ad Divi Iulii* vor dem Tempel angebracht. Ein zweiter Augustusbogen, symmetrisch zum ersten im N, erinnert an den Sieg über die Parther. Um die Kontinuität der römischen Herrschaft im Osten zu unterstreichen, ließ Septimius Severus in einer Achse mit diesem zwei Jahrhunderte später seinen Partherbogen erbauen.

Die Südseite

Zwischen dem Saturn- und dem Kastorentempel erstreckt sich die **Basilika Iulia**, begonnen von Cäsar und fertig gestellt von Augustus, an der Stelle einer republikanischen Basilika, der *Sempriona*, mit der zuvor das Haus von Scipio Africanus überbaut worden war. Zwischen der Basilika Iulia und dem Kastorentempel liegt der *Vicus Tuscus*, nach dem Etruskerviertel, das sich in der Nachbarschaft beim Flüsschen Velabrus befand. Am Vicus lagen Läden und eine riesigen Halle, die zu einem Gebäudekomplex aus der Zeit Domitians gehörte, in dem im 6. Jh. teilweise die Kirche Santa Maria Antiqua untergebracht war. Kürzlich wurde der große Backsteinsaal als Tempel der Minerva identifiziert, in dem Hadrian das *Athenaeum* gründete, an der die Thronfolger ihre Ausbildung bekamen.

Im S liegen die Reste der *Horrea Agrippiana*, von Agrippa errichtete Warenlager. Der **Kastorentempel**, von dem drei große Säulen erhalten sind, war schon in seiner ersten Version (Anfang des 5. Jh. v. Chr.) einer der größten der Epoche, aber auch in der Folge behielt er sein Prestige. Der Kult der Dioskuren, der Söhne von Zeus und Leda, wurde zu Beginn des 5. Jh. v. Chr. durch die Aristokratie aus Griechenland eingeführt: zwei Ritter hatten die Römer in der Schlacht beim See Regillus (499 v. Chr.) zum Sieg gegen die Latiner geführt; sie wurden beim Tränken der Pferde am Brunnen Iuturna beobachtet, nachdem sie in der Stadt den Sieg gemeldet hatten, und verschwanden dann. Der Senat versammelte sich öfter dort, aber hier residierten auch das Amt für Maße und Gewichte und Bankiers. Der Dioskurenmythos betrifft also auch den Brunnen der Iuturna, zum Monument ausgebaut durch den General Lucius Emilius Paulus, der Griechenland eroberte und dem wir vielleicht auch die Reiterstandbilder verdanken, die in der Brunnenmitte standen, denn die Dioskuren sollen wieder aufgetaucht sein, um die Nachricht des Sieges von Emilius Paulus zu überbringen. Etwas südlicher davon steht der Heiligenschrein der Göttin Iuturna, wiederaufgebaut in der Zeit Trajans.

Die Ostseite

Der unregelmäßige Komplex nördlich des Tempels der Vesta ist der **Königshof**, die Residenz der Könige. Nach der Legende war es

Der Tempel des Antoninus
und der Faustina

das Haus des Königs Numa Pompilius. Beim Übergang zur Republik wurde er wahrscheinlich zum Sitz des *Rex Sacrorum*, der den König in seinen religiösen Funktionen ersetzte, behielt aber seinen Grundriss und seine Eigenschaften. Er scheint zwei Teile zu umfassen: im S ein rechteckiger Bereich mit drei Räumen, in denen man das Heiligtum der *Ops*, der Göttin der Ernte, und des Mars, des Vorfahren von Romulus, erkannt hat; im Norden ein weiter Hof mit Portikus.

Der **Tempel des Antoninus und der Faustina**, gleich nördlich des Königshofes, ist gut erhalten, da er zu Kirche San Lorenzo in Miranda umfunktioniert wurde. Antoninus Pius hatte ihn für seine vergöttlichte Frau Faustina bauen lassen, nach seinem Tod wurde es auch nach ihm benannt. Es handelt sich um einen Tempel auf

Basilika des Maxentius

hohem Podium, dessen Treppen in der Mitte noch den Sockel eines Altars aufweisen. Etwas östlich des letzten Tempels steht ein kleines rundes Tempelchen, das zum Vestibulum der rückseitigen Kirche der Heiligen Kosmas und Damianus wurde. Es soll sich um den Tempel handeln, der Romulus, dem Sohn des Maxentius geweiht war, oder um den Tempel für Jupiter Statore, später von Maxentius dem jung gestorbenen Sohn geweiht und von Konstantin in eine Kultstätte für Jupiter umgewidmet.

Im NO wird die Velia-Höhe von der imposanten Masse der **Basilika des Maxentius** beherrscht, von der jedoch nur das Nordschiff erhalten ist. Das Gebäude wurde in den ersten Jahren des 4. Jh. n. Chr. begonnen, an der Stelle standen davor die *Horrea Piperataria* (Gewürzspeicher). Die Basilika hatte drei auf einer O-W-Achse ausgerichtete Schiffe, das mittlere acht Marmorsäulen; die beiden Seitenschiffe bestanden aus drei Räumen, die von Kassettentonnengewölben überdacht waren. Der Eingang lag im O des Gebäudes, die Statue des Imperators stand in der Apsis an der Westseite. Hier wurde im 15. Jh. der kolossale Akrolith Konstantins entdeckt, heute im Campidoglio. Später, vielleicht auf Anordnung Konstantins, lag die Hauptachse in NS-Richtung. Der Eingang lag nun zum Forum hin und war monumentaler mit einem Portikus auf vier Säulen aus Porphyr und einer Treppe und man schuf eine Apsis mit verschiedenen Nischen für Statuen. Ab Ende des 4. Jh. n. Chr. war hier der Sitz einiger der wichtigsten Institutionen Roms: die *Praefectura Urbi*, die das Konsulat ersetzte, und das *Secretarium Senatus*, das Senatsgericht.

Ausschnitt aus dem Relief über der Balustrade der Kirche San Giuseppe dei Falegnami; zu sehen sind die Heiligen Petrus und Paulus im Gefängnis

Das Gefängnis Mamertinus-Tullianum

Nach der Überlieferung von Ancus Marcius (640-616 v. Chr.) gebaut, um die Kriminellen zu terrorisieren; es wurde Mamertinus genannt, nach dem Sabinergott Mamers (Mars), dessen Tempel sich in der Nähe befunden haben soll. Das heutige Bauwerk ist nur ein Teil der ursprünglichen Anlage, die sich mit weiteren in den Tuffstein gehauenen Räumen bis zur Arx erstreckte. Der Standort des Gefängnisses war nicht zufällig: bei den Triumphfeierlichkeiten wurden die Anführer der Gefangenen, vor dem Aufstieg zum Tempel des Kapitolinischen Jupiter, aus dem Zug herausgeführt und ins Gefängnis geworfen. Iugurta, König Numidiens, Vercingetorix, König der Gallier, Seianus, Minister des Tiberius, sind nur einige der Namen, die am oberen Zellenzugang auf einem Stein stehen, während der andere die Namen der christlichen Märtyrer auflistet. Es gibt jedoch keinen Beweis für den Aufenthalt von Petrus und Paulus, wie eine Tradition behauptet. Über einen modernen Eingang betritt man einen trapezförmigen Raum, gebaut im 2. Jh. v. Chr. und im 18. Jh. um einen Altar mit den Büsten von Petrus und Paulus erweitert, das eigentliche Gefängnis, der Ort, an dem die Gefangenen durch eine Luke in die unteren Verliese abgeseilt wurden. Dies ist der älteste und geheimste Teil des Gefängnisses, das *Tullianum*: der Name bezieht sich auf eine im Innern verlaufende Wasserader (*tullus*), aber auch auf den etruskischen König Tullius, der den Raum als Zisterne gebaut haben könnte. Er war früher kreisrund, die Wände waren vollständig aus Peperinblöcken gemauert und das Gewölbe war als *Tholos* gestaltet, heute jedoch niedriger und erdrückend; der Raum war dunkel und feucht. Eine Eisentür verbirgt die Öffnung zu einem Abwasserkanals, der das Wasser, das sich im Gully sammelte, in die *Cloaca Maxima* leitete. Fast als symbolische Wiedergutmachung lässt die christliche Überlieferung Petrus das Wunder vollbringen, Taufwasser für die Gefängniswärter aus dem Fels quellen zu lassen, wie das Basrelief des Wandaltars erzählt.

Santa Maria Antiqua

Belegte in der ersten Hälfte des 6. Jh. n. Chr. einige Räume der Kaiserresidenz an den Westhängen des Palatin. Als Belisar Rom von

Innenansicht der Kirche Santa Maria
Antiqua

den Goten zurück erhalten hat, lag hier der Hauptzugang zum Hügel, auf dem sich die byzantinische Regierung niedergelassen hat. Die Gebäude aus der Zeit Domitians wurden umgebaut, den vorderen Portikus gestaltete man zum Narthex, wo man zunächst dem Marienkult huldigte. 847 wurde die Kirche durch einen Erdrutsch zugeschüttet und erst im letzten Jahrhundert wiederentdeckt und kürzlich restauriert.

Rechts der Apsis erkennt man die Spuren von vier Bemalungsschichten. Das älteste Bild, *Maria Himmelskönigin mit Kind und Engel*, wurde nach der byzantinischen Eroberung gemalt (erste Hälfte des 6. Jh. n. Chr.). Der byzantinische Charakter des Gemäldes wird an der Frontalität und an der Linie als gestalterischem Element deutlich. Auf das Fresko hat ein im Umgang mit Farben und Lichteffekten erfahrener Künstler eine *Verkündigung* gemalt. Es stammt aus den Jahren 565-578 und ist das erste Lebenszeichen einer Wiederanknüpfung an die hellenistische Maltradition. Diese Zeit währte jedoch nur kurz. Konventioneller und steifer wirken die Darstellungen der Kirchenväter, datierbar auf die Zeit Martins I. (649-655). Die vom griechischen Papst Johannes VII. (705-707) in Auftrag gegebenen Gemälde – er ließ den Apsisbogen, wo eine Engelschar Christus am Kreuz anbetet, neu ausmalen – sind ikonographisch recht komplex.

Auch die anderen Wände wurden mehrmals mit Fresken ausgemalt. Im linken Kirchenschiff ist eine Reihe von Heiligen mit Christus im Zentrum abgebildet, darüber Szenen aus dem Alten Testament. Ausdruck der römischen Kunst des 8. Jh.s sind die Fresken der Kappelle des Theodot (links vom Presbyterium) aus der Zeit von Papst Zacharias (741-782). Die Dekoration der Kappelle mit dem Leben der Heiligen Quirico und Giulitta wird beherrscht von der *Kreuzigung* an der hinteren Wand, die deutlich zeigt, dass an die Stelle von Einflüssen aus Konstantinopel eine rasche Erzählung mit orientalischen Einflüssen getreten ist. Im Zusammenhang mit der Umgestaltung der Kirche Santa Maria Antiqua und der Christianisierung des antiken Kultes um die Quellnymphe Iuturna steht das Oratorium namens Quaranta Martiri (Vierzig Märtyrer) mit seinem Gemälde aus dem 8. Jh. n. Chr. in der Apsis, das die Glaubensfestigkeit der Soldaten preist, die während der Verfolgung unter Diokletian zum

Der Rundtempel der Vesta

Tod durch Ertrinken in den Wassern eines Sees in Armenien verurteilt worden waren.

Der Vestatempel

Das Gebäude, rund wie die antiken Hütten mit einem Loch im Dach als Rauchabzug, brannte mehrmals ab und wurde wieder aufgebaut. Die heutige Gestalt erhielt es durch eine Restaurierung unter Iulia Domna, der Frau von Septimius Severus. Die zylindrische *Cella* war mit hervortretenden Säulen geschmückt; die äußeren korinthischen Säulen standen auf vom Podium weggerückten Basen. Im Fries waren mit dem Kult und dem Opferritual in Zusammenhang stehende Objekte gemeißelt (Pferdeschwänze, Spiegel, Olivenzweige, Krüge, Stierschädel). Die *Cella* beherbergte jedoch nicht wie üblich die Statue der Göttin; sie war durch das ewige Feuer präsent, während in einem unterirdischen Raum die Objekte aufbewahrt wurden, die Äneas aus Troja mitgebracht haben soll, darunter das Palladium, ein Götterbildnis der Minerva, Garantie der Rom versprochenen universellen Herrschaft. Ein Bildnis der Vesta stand in der ionischen Ädikula aus hadrianischer Zeit, die neben dem Eingang zum **Haus der Vestalinnen** stand, den sechs Priesterinnen des Kultes der Göttin, vom Oberpriester aus patrizischen Familien ausgesucht. Ihr Dienst dauerte dreißig Jahre und verpflichtete sie zur Keuschheit. Die Vestalinnen wuchsen in einer Art modernem Kloster auf, das um einen Hofgarten mit einem Säulenumgang lag. Sie genossen große Privilegien. Wenn sie jedoch das Keuschheitsgebot brachen, wurden sie lebendig begraben, und wenn sie das heilige Feuer ausgehen ließen, wurden sie ausgepeitscht.

Das *Antiquarium*

Im Kloster Santa Francesca Romana hat der Archäologe Giacomo Boni ein *Antiquarium* eingerichtet für die Fundstücke des Forums, aktuell im Umbau. Eine im *Lacus Luturnae* gefundene Marmorstatue des Äskulap empfängt den Besucher am Eingang im Erdgeschoss, der einzige momentan zu besichtigende Teil. Die Säle I-V, die Materialien aus archaischer Zeit ausstellen, besitzen noch die Originalausstattung. In Saal I steht das Modell des Grabes aus dem Tempel von Antoninus und Faustina und die Rekonstruktion einiger Gräber. Saal II zeigt die Bestattungen in Baumstämmen aus der letzten Phase der Benutzung des Forums als Friedhof (Mitte des 8.-7. Jh. v. Chr.).

Unter den interessantesten Fundstücken befinden sich eine fragmentarische Gruppe von Dioskuren mit ihren Pferden, ein Fundstück aus dem Brunnen der Juturna, auf das 2. Jh. v. Chr. datierbar. Außerordentlich bedeutsam sind die Fragmente des großen Marmorfrieses der Basilika Aemilia aus spätrepublikanischer Zeit mit Episoden aus der Gründerzeit Roms (Bau der Mauer von Lavinium, Raub der Sabinerinnen, die Bestrafung der Tarpea, Kampfszenen).

Der Titusbogen

An der Stelle, an der man zum Palatin hochsteigt, verdankt der **Titusbogen** seinen guten Zustand der Einbeziehung in die mittelalterlichen Befestigungen der Frangipane. Das heutige Aussehen ist das Ergebnis einer massiven Restaurierung des 19. Jh.s, bei der die fehlenden Teile der Attika und der Pfeiler ergänzt wurden. Domitian ließ es in Erinnerung an den vergöttlichten Bruders Titus (nach 81 n. Chr.) errichten, um seinen Triumph im jüdischen Krieg von 70-71 n. Chr. zu feiern. Darüber informiert uns die Originalinschrift an der zur Kolosseum-Seite hin gelegenen Attika, die sich über dem Bogen erhebt.

Der Fries außen zeigt den Triumphzug in populärem Stil, dazu kommen elegante Archivolten mit geflügelten Viktorien. Innen zeigt ein Relief in der Mitte der kunstvollen Kassettendecke die Apotheose des Titus, zwei Tafeln an der Seite schildern den Höhepunkt des Triumphes. Vor dem Hintergrund der von Liktoren getragenen Rutenbündel, erscheint die kaiserliche Quadriga mit einem von der Göttin Viktoria gekrönten Titus, gefolgt von den Personifikationen des Römischen Volkes und des Senates, während die Göttin Roma die Pferde führt. Das Relief gegenüber zeigt den Augenblick davor, als der Zug das Triumphtor auf dem Forum Boarium durchquert. Die römischen Soldaten führen den aus dem Tempel in Jerusalem geraubten heiligen Schatz mit, der zum Sym-

Titusbogen

Titusbogen, Innenseite, die Relieftafel
hält den Zug mit der Beute
aus dem Tempel Salomons durch
den Triumphbogen fest

bol des Judentums wurde (die silbernen Trompeten, die goldene
Tafel mit der Bundeslade und die *Menorah*, der siebenarmige
Leuchter), während auf den Tabellen wahrscheinlich die Objekte
aufgelistet waren, die besiegten Städte erwähnt wurden oder die
entscheidenden Episoden des Krieges gemalt waren. Das histori-
sche Dokument von einzigartigem Wert zeugt von der radikalen
Erneuerung der römischen Kunst (plastische Farbgebung, Licht-
effekte und räumliche Dynamik).

Das Forum Romanum zwischen dem 6. und 9. Jh.

Das Forum blieb wohl unverändert bis zur Plünderung durch die
Westgoten im Jahr 410. Erst nach diesem Ereignis haben wir Kennt-
nis von Restaurierungen an einigen Gebäuden, die jedoch ihren
Zweck beibehielten. Das Forum behielt das ganze 6. Jh. hindurch
und auch noch zu Anfang des folgenden seine Monumentalität und
sein Prestige, dann jedoch sind die ersten Eingriffe belegt, die nach
und nach sein Aussehen veränderten. Neue Handelshäuser wurden
gebaut, und einige zivile Gebäude wurden zu Kirchen umgebaut.

Ab dem 7. Jh. kommt es zu den tiefgreifendsten Veränderungen,
zeitgleich mit den politischen und religiösen Umwälzungen, die der
Zeit ihren Stempel aufprägen; die Eröffnung von Werkstätten zur
Verarbeitung von Metall und Marmor, den man aus den klassischen
Bauwerken holte, zeigt, dass viele Gebäude im öffentlichen Urteil an
Wert verloren hatten.

Die Kirche nahm eine immer zentralere Rolle ein. Im Laufe des 7.
Jh.s wurden in den Kirchen des Forums fünf Diakonien gegründet,
religiöse Institute mit Kornspeicher, Brunnen und einer kleine Therme im Haus der Vestalinnen.

Die Schaffung solcher religiöser Institutionen förderte den Zuzug
von Wohnbevölkerung, was sich jedoch radikal in der zweiten Hälfte
des 9. Jh.s änderte durch Naturkatastrophen wie das Erdbeben und
die Überschwemmung von 847. Man sorgte weder für die Beseiti-
gung der Trümmer, noch brachte man die beschädigte Kanalisation
in Ordnung, man gab sie schließlich ganz auf, was zur Versumpfung
und zur Anhebung der Bauflächen führte, auf denen gehobene Woh-
nungsbauten und Handels- und Handwerksbetriebe entstanden.

Der Palatin

Der Palatin

Der Palatin steht in Zusammenhang mit der Gründung der Stadt. Äneas soll, nachdem er aus Troja in Latium angekommen war, hier auf dem Hügel von König Evandros empfangen worden sein und das Körbchen mit Romulus und Remus soll vom Tiber in eine Grotte, die den Namen Lupercale erhielt, an den Hängen des Palatin geschwemmt worden sein. Die von Romulus gegründete Stadt erstreckte sich auf dem Hügel, wo Romulus selbst in einem Haus wohnte, das man in einer Hütte an der SW-Ecke des Hügels wiedererkannte; diese Hütte wurde zu Ehren des mythischen Stadtgründers ständig restauriert.

Wo der Überlieferung zufolge das Haus des Romulus stand, hat man eine Hüttensiedlung gefunden, womit eine Besiedlung des Hügels ab dem 8. Jh. v. Chr. nachgewiesen ist. Die Lage des Palatin mit seinen steilen Felsen und der Nähe zum Fluss eignete sich bestens für eine dauerhafte Ansiedlung und die Verwurzelung in der Vergangenheit verlieh ihm Sakralität.

Bekannt sind uralte kultische Traditionen, darunter das Fest der *Lupercalia*, auf dem Priester-Wölfe verheiratete Frauen schlugen zur rituellen Beförderung der Fruchtbarkeit. Dieser sakrale Charakter bewegte Augustus dazu, den Hügel zum Wohnort zu wählen, neben der *Casa Romuli*, und den Tempel des Apoll zu bauen; er wollte dem Imperium dadurch Legitimität verleihen, dass er sich als zweiter Grunder Roms präsentierte. Er kaufte das Haus des Redners Quintus Ortensius Ortalus und erweiterte es durch den Zukauf weiterer Häuser. In spätrepublikanischer Zeit war der Palatin die bevorzugte Wohngegend der Elite. Die Grabungen habe Reste solcher Wohnungen ans Licht gebracht, die von den Kaiserpalästen überbaut worden waren. Tiberius hat als erster eine monumentale

Domus Flavia, der achteckige Brunnen
des oberen Peristyls

Residenz in Auftrag gegeben, die *Domus Tiberiana*; ihm folgte Nero (*Domus Transitoria* und einen Teil der *Domus Aurea*). Mit Domitian wurde der dynastische Palast gegründet: ein neues Architekturmodell, bestehend aus einem in sich abgeschlossenen Organismus, in dem öffentlicher und privater Bereich getrennt waren, damit sich der Kaiser seinen Untertanen in einem hieratischen Licht zeigen konnte. Die folgenden baulichen Erweiterungen perfektionierten das Modell und trugen zu seiner Kodifizierung bei (der Name des *Palatium* wurde zum Synonym für Palast). Der letzte große Bau auf dem Palatin war der Sonnentempel des vorletzten der Severer, Heliogabal.

Der Palatin blieb formell kaiserlicher Regierungssitz, aber er verlor nach und nach die zentrale politische Bedeutung. Gelegentlich war er Residenz der Kaiser und Päpste, im 11. und 12. Jh. jedoch wurde er zur Befestigung der Familie Frangipane umgebaut. In der Renaissance wurden dort Gärten, Villen und Weingüter angelegt, aber es begann auch die Plünderung seiner Reichtümer.

Der *Clivus Palatinus*

Der Zugang zu den Nordhängen beginnt beim Titusbogen. Der Besucher sieht rechts einige Ziegelmauern, als Reste eines monumentalen Handelshauses mit Arkaden (*Porticus Margaritaria*). Weiter oben führt eine moderne Treppe rechts zu den *Orti Farnesiani*, eines im 16. Jh. auf der *Domus Tiberiana* angelegten Gartens.

Die *Domus Tiberiana*

Alles, was vom Kaiserpalast geblieben ist, den Tiberius in Auftrag gab, den Caligula erweiterte, der von Nero und dann von Domitian erneuert wurde, sind die mächtigen Arkaden, die auf das Forum Romanum hinaus gehen. Vom mittleren Bereich, der fast den ganzen Westteil des Hügels einnahm, sind nur noch die Fundamente sichtbar, auf denen sich heute die Farnese-Gärten befinden. Man nimmt an, dass der Umbau Neros auf einer breiten Terrasse einen zentralen Pavillon und weitere seitlich davon, durch Grünzonen unterbrochen, vorsah, die Terrasse war durch einen Kryptoportikus entlang der Ostseite begrenzt.

Südseite der *Domus Tiberiana*
zum Forum Romanum hin

Die Reste des Tempels der *Magna Mater*

Der Südwesten

Neueste Grabungen an den W- und N-Hängen haben die Reste einiger Hütten aus der Eisenzeit freigelegt. Man erkennt die in den Tuff gegrabenen elliptischen Hüttengrundrisse und die Löcher für die Pfähle, welche die Wände aus Rohr und Lehm und die Strohdächer trugen. Nördlich davon fällt eine Anhöhe mit einem Steineichenwäldchen auf. Hier stand der Tempel der *Magna Mater*, einer orientalischen Gottheit, die in der Form eines schwarzen Steins (vielleicht Teil eines Meteoriten) verehrt wurde und 204 v. Chr. während des zweiten punischen Krieges eingeführt worden war. Der Tempel wurde erst 191 v. Chr. fertig gestellt. Das Heiligtum konnte auch deshalb sicher identifiziert werden, weil in seiner Nähe eine Statue der Göttin gefunden wurde. Die antiken Quellen legen auch andere Heiligtümer hierher, wie den Tempel der Viktoria, in dessen *favissae* (heilige Gräben) zwei wunderbare Tonköpfe vom Anfang des 3. Jh. v. Chr. gefunden wurden, wahrscheinlich Elemente der Giebeldekoration des Tempels. Zur Dekoration eines weiteren, kleineren Tempels müssen die Antefixe mit dem Kopf der *Juno Sospita* gehört haben, datierbar auf Anfang 5. Jh. v. Chr.

Die *Domus Flavia* und die *Domus Augustana*

Es handelt sich um eine einzige enorme Wohnanlage, die um die Mitte des 1. Jh. n. Chr. den mittleren Bereich des Palatin einnahm; frühere Häuser mussten ihr weichen. Das Gebäude war zweigeteilt: im W die *Domus Flavia*, die Repräsentationsräume, im O die *Domus Augustana*, die Privaträume. Bauherr war der Flavier Domitian, das innovative Projekt stammt von seinem Architekten Rabirius. Trotz der mächtigen Reste haben wir heute nur noch ein blasses Abbild einstiger Größe: grandiose Säle mit mehrfarbigem Marmor, weitläufige Säulenhöfe mit Gärten und Wasserspielen, mit Fresken verzierte Zimmer, zauberhafte Statuen.

Der Eingang zur *Domus Flavia* liegt an der Westseite. Ein Portikus war vorgelagert, der an der Nordseite weiterlief; dort lag auch der Haupteingang, vom Forum kommend. Den Kern dieses ersten Bereiches bildete ein enormes Peristyl mit einem großen achteckigen Brunnen in der Mitte, von dem die Repräsentationsräume abgin-

Domus Augustana, Blick von oben
auf den Peristyl mit dem zentralen
Brunnen

Domus Augustana, Ansicht des Stadions

gen. In der Mitte des Nordflügels lag ein riesiger Saal, die *Aula Regia*. In der Apsis am Ende des Saales stand der Thron des Kaisers. Hier mussen die offiziellen Audienzen und Versammlungen stattgefunden haben, um den Kaiser zu ehren. Ein weiterer Raum mit Apsis liegt im W davon. Er wird als Basilika bezeichnet, da er in drei Schiffe unterteilt war. Hier trat vielleicht der Rat des Kaisers zusammen. An der Südseite des Peristyls geht ein weiterer Saal ab, mit beheiztem Fußboden. Es war das Speisezimmer des Kaisers, die *Coenatio Iovis*, in dem die Geladenen ausgebreitet auf Triklinien aßen und sich an den Wasserspielen erfreuten. Darunter wurden einige Räume ausgegraben, die mit dem Flavierpalast überbaut worden waren. Angesichts der raffinierten Wandfresken und des Marmors dachte man an die erste Residenz Neros, die beim Brand von 64 n. Chr. zerstört und durch die *Domus Aurea* ersetzt wurde.

Die *Domus Augustana* schließt östlich an, hat jedoch zwei Stockwerke. Das Obergeschoss, in enger Verbindung zur *Domus Flavia*, liegt um ein großes Peristyl herum, darin ein Teich mit einem Tempel in der Mitte. Das untere Geschoss (aktuell für den Publikumsverkehr geschlossen, aber man kann es von oben einsehen) geht mit einer effektvollen Säulenexedra auf den *Circus Maximus* hinaus. Die geringeren Maße der Zimmer lassen vermuten, dass dies der Privatbereich war. Der Hof hatte einen zweigeschossigen Portikus, die Wände waren vermutlich mit Marmor verkleidet, der mit der Zeit weggeschleppt wurde.

Zum Kaiserpalast gehört auch das am östlichen Rand des Hügels befindliche **Stadion**, ein langgestrecktes Bauwerk, das in der Mitte der O-Seite eine halbrunde Tribüne für den Kaiser und seine Familie hat. Es handelte sich wohl um einen großen Garten mit Reitbahn, wo man zwischen Blumenbeeten und Kunstwerken spazieren ging.

Die Südecke: die Bauten der Severer

Hinter der Kaiserloge um das Stadion herum kommt man zu einer großen künstlichen Terrasse, die Septimius Severus am Hang bauen ließ. Hier befand sich wohl auch die Loge, von der aus der Kaiser den Spielen im darunter befindliche *Circus* zuschaute. Zwischen dieser Terrasse und dem Stadion erstreckt sich die Therme des Pala-

Ansicht des *Circus Maximus* und
der Südhänge des Palatin.
Rekonstruiertes Modell des antiken Rom,
Museo della Civiltà Romana, Rom

stes, unter Domitian gebaut und unter Septimius Severus vollständig erneuert, der auch den südlichen Zipfel des Hügels mit einem mehrgeschossigen Nymphäum, dem *Septizodium* schmückte, von dem heute nur noch die Fundamente übrig sind.

Die östliche Ecke

Der Besuch führt außerhalb des eingezäunten Ausgrabungsbereichs zur Kirche San Bonaventura, erbaut im Weinberg Barberini, und in Richtung Forum zur Kirche San Sebastiano auf einer künstlich angelegten Terrasse: ein großer Portikus umschloss eine Grünzone, in deren Mitte der Tempel des Heliogabal stand. Er war der Sonne und dem Kaiser gewidmet, der mit ihr identifiziert werden wollte.

Der *Circus Maximus*

Heute ist nur noch in der Südkurve ein kurzer Abschnitt der Ränge sichtbar, aber der *Circus Maximus* ist einer der größten Veranstaltungsbauten aller Zeiten. Er hat einen langgestreckten rechtwinkligen Grundriss mit abgerundeten Stirnseiten, gesäumt von mehreren Arkadengeschossen und konnte bis zu 200.000 Personen fassen. Im Zentrum lag ein länglicher Aufbau (die *Spina*), um den herum die Wagen fuhren. Darauf standen zwei Obelisken aus Ägypten und sieben Eier und sieben Delphine aus Bronze, mit denen man die Runden zählte. Das jetzige Bauwerk ist das Ergebnis Jahrhunderte langer Umbauten. Zuerst wurden die Holztribünen durch steinerne Ränge ersetzt, dann schuf man am Ende des 4. Jh. v. Chr. in der Nordkurve die Käfige für den Start der Pferde. Unter Augustus wurde der erste Obelisk aufgestellt. Nach dem Brand von 64 n. Chr. ließ es Nero neu bauen, wobei er die Kapazität erhöhte; die Schäden durch einen Brand während der Regierung Domitians wurden unter Trajan behoben. Er war einer der bestbesuchten Orte Roms, wenigstens bis zum 4. Jh. n. Chr., als die Wagenrennen ihre größte Beliebtheit erreichten.

Die *Orti Farnesiani*

Um seinem Haus Glanz zu verleihen, ließ der Kardinal Alessandro Farnese im 16. Jh. auf den Resten des Palatin die *Orti Farnesiani* anlegen. Die Anlage erstreckte sich über mehrere Terrassen, die untereinander durch Treppen verbunden waren, die im Theater des Brunnens gipfelten; ihr Herzstück war die freskengeschmückte *Casina*, darüber befand sich eine Voliere. Aus dem Postament der *Domus Tiberiana* hatte man ein Kryptoportikus-System gewonnen, das als Unterbau für die mit Skulpturen dekorierten Gärten diente. In den Besitz der Bourbonen gekommen, wurde sie vernachlässigt, bis im 18. und 19. Jh. die Touristen der Grand Tour ihre romantische Schönheit wiederentdeckten.

Der Tempel des Apoll und das Haus des Augustus

Die Eigenart des Palatin änderte sich radikal mit dem Machtantritt von Augustus, der seinen Wohnsitz in den Bereich der *Roma Quadrata* legte, in die Nähe der Romulus-Hütte, der Caco-Treppen und des Tempels der Viktoria, was gut zu seinen militärischen Erfolgen passte. Dazu musste er verschiedene Häuser von Persönlichkeiten kaufen und umbauen. Zu einem weiteren Zuwachs an Sakralität trug die Einweihung des Apollotempels bei, der 28 v. Chr. an der Stelle des Hauses entstand, das vom Blitz getroffen worden war, also eine Gotteswahl, und das eingelöste Versprechen nach dem Sieg über Marcus Antonius bei Actium 31 v. Chr.. Das nackte Betonpostament von heute macht es unmöglich, sich die einstige Pracht des Gebäudes vorzustellen. Es war aus weißem Marmor gebaut, die Türen waren mit Gold und Elfenbein verkleidet. Archaische Statuen aus Paros-Marmor schmückten den Giebel, während die Kultbilder aus Griechenland aus der Hand der größten Bildhauer des 4. Jh. v. Chr. stammten. In der Basis des Apollo-Abbildes hatte Augustus die Sibyllinischen Bücher aus dem Tempel des Kapitolinischen Jupiter verstauen lassen, die Prophezeiungen zur Zukunft enthielten. Zur hellenistischen Anlage, die sich über zwei Terrassen erstreckte, gehörten nicht nur Dachgärten, sondern auch ein Platz, gesäumt von einem Portikus mit den Statuen der fünfzig Töchter des Danaos (sie hatten ihre ägyptischen Ehemänner ermordet und waren in der Unterwelt dazu verdammt, ständig Wasser in löchrigen Behältern heran zu schleppen). Einige von ihnen konnten bei den Ausgrabungen gefunden werden, zusammen mit Terrakotta-Tafeln mit Figuren, die mit

Auf den vorhergehenden Seiten
Haus des Augustus, Ausschnitt
der Wandmalerei im Zimmer
der Piniengirlanden

Haus des Augustus, Maskenzimmer,

Westwand, die Kulisse spielt auf
ein Satyrdrama an

Haus des Augustus, Ausschnitt
der raffinierten Wandmalerei
im „Studierzimmer"

dem Apollo-Kult in Verbindung standen. Der Gott galt als Beschützer der Ordnung und der Moral, und Augustus hat sich mit ihm identifiziert, um sein politisches Programm durchzufechten. Der Tempel stand mit seiner Privatresidenz in Verbindung, und zwar mit den Repräsentationsräumen, die aus einer Reihe von großen Hallen rund um ein Peristyl bestanden, mit kostbarem Marmorfußboden und prächtigen Wandmalereien. Die Privaträume waren sehr viel einfacher und spartanisch; ein Weg führte zur Wohnung seiner Gemahlin Livia. In verschiedenen Zimmern sind immer noch Fresken im 2. entwickelten Stil zu sehen, z.B. das Maskenzimmer. An den Wänden ist die hölzerne Struktur der Bühne eines Theaters wiedergegeben; Vorsprünge und Vertiefungen lassen es bewegt erscheinen. An den Türen hängen Vorhänge mit Landschaften. Aus der gleichen Zeit stammt das Zimmer der Piniengirlanden; realistisch dargestellte Piniengirlanden hängen zwischen engen Holzpfeilern, die auf einem Podium vor einer Wand stehen, darüber kann man einen Portikus erkennen. Der Raum, der alle anderen an Raffinesse und Vielfalt übertrifft, ist zweifellos das obere Schlafzimmer, das „Studierzimmer". Auf rotem, gelben und schwarzem Hintergrund und auf weißen, von der Vegetation umwucherten Architekturelementen von meisterlicher Hand sind einzelne Objekte aufgemalt, welche die Herkunft des Künstlers aus Alexandria verraten. Hier verbarg Augustus seine heimliche hellenistische „Modernität", mit einer Dosis Exotik. Hier vergnügte er sich mit der Lektüre von Büchern aus seinen beiden symmetrisch angeordneten Bibliotheken, die im Ostflügel lagen und in flavischer Zeit neu gestaltet wurden. Das würde auch besser den Namen *Domus Augustana* erklären, den auch der Palast des Domitian beibehielt und die recht geringen Maße des Hauses des Augustus.

Das Haus der Livia

Die Entdeckung einiger Bleirohre mit der Aufschrift Iulia Augusta beweist, dass in dem zweistöckigen Haus aus spätrepublikanischer Zeit (75-50 v. Chr.), das nördlich vom Haus ihres Ehemanns Augustus liegt, Livia wohnte, bevor die augusteische Anlage zur renovierten und dekorativ aufgewerteten (30-20 v. Chr.) Privatwohnung der Herrscherin wurde. Über einen abfallenden Korridor kommt man in ein Atrium, das im Schutz eines von zwei Pfeilern gestützten Daches lag und ein einfaches Fußbodenmosaik besaß, eine Insel der Frische vor einem kleinen Speisezimmer (*triclinium*) in SW und einem *tablinum*, von dem süd-östlich zwei weitere Zimmer abgingen (*alae*). An den Wänden dieser Räume wurden wieder die Tafeln mit den Malereien im 2. entwickelten Stil aufgestellt. Im *tablinum* öffnen sich an drei Seiten imaginäre Türen, die den Rahmen für mythologische Szenen bilden, und die verschiedenen rahmenden Architekturelemente eröffnen vielfältige Perspektiven, die das Auge trügen, immer wieder angezogen von den ägyptisch anmutenden Friesen. Sehr originell schließlich die Ausblicke auf städtische Straßenszenen. Im linken Flügel sind auf Tafeln im oberen Bereich Figurenpaare gemalt, die wie auf einem Wappen seitlich von Kandelabern postiert sind und auf den Zweigen des Lebensbaumes sitzen. Dies sind die „Extravaganzen", die Vitruv seinerzeit verurteilt hat. Im rechten Flügel ist ein eleganter Portikus aus korinthischen Säulen mit überbordenden Girlanden aus Blättern, Blumen, Früchten, die durch bunte Bänder zusammen gehalten werden, aufgemalt; ländliche Kultobjekte hängen daran herunter. Die Bemalung ruft, ähnlich wie die am inneren Geländer der *Ara Pacis*, das mythische Goldene Zeitalter auf, das unter dem augusteischen Prinzipat erneuert wurde. Oben machen Darstellungen von Personen, Tieren, rituellen Szenen, alles impressionistisch gestaltet, aus diesem gelben Fries eines der bedeutendsten Beispiele der Landschaftsmalerei. Im zweiten Stock sind noch einige Zimmer und Funktionsräume erhalten, ebenso das Originalatrium mit der Tür im Osten, die beim augusteischen Umbau zugemauert wurde.

Aula Isiaca

Bei der *Casa dei Grifi*, die heute von den Fundamenten des Domitianspalastes durchschnitten wird, war eine spätrepublikanische *Domus*, von der ein Raum mit einer Apsis erhalten ist; in ihr wurden Reste von Wandmalereien im 2. Stil gefunden. Die Wände wurden abgenommen, restauriert und werden jetzt in einem Raum der

Haus der Livia, rechter Flügel, Ausschnitt
aus der Wandmalerei, prächtige
Pflanzengirlanden

Aula Isiaca, Ausschnitt aus der Wandmalerei mit Isis- und ägyptisierenden Motiven. Trotz des vorherrschenden weißen Hintergrundes, der die Farbkontraste stärker betont, hat der Künstler am Gewölbe die traditionellen Wandmotive aufgegeben und sich eine in der antiken Malerei seltene expressionistische Freiheit erlaubt. Man beachte nur das rote Band, das sich mit dem gewellten blauen Streifen verschlingt, und den Rahmen aus Lotusblüten und großen,

Domus Augustana ausgestellt, in der Loggia Mattei. Die Gemälde des
Saales, auch *Isiaca* genannt, weil sich die zahlreichen dekorativen
Motive auf den Isiskult beziehen (Situlen, Rosengirlanden, Lotusblu-
men, Sonnenscheibe, Schlange) stammen aus augusteischer Zeit, als
nach dem Sieg bei Actium Isis- und ägyptische Motive zu einer
Modeerscheinung in Rom wurden, wobei sie nur als ornamentale
Elemente verwendet wurden. Manch einer wollte das Haus des Marcus Antonius erkennen, das nach seinem Tod in den Besitz Agrippas
überging. Letzterem hätte auch die Villa Farnesina gehören können,
deren großartige Bilder (heute im Palazzo Massimo) Malern zuge-
schrieben werden können, die dem Künstler der *Aula Isiaca* nahe
standen.

Die Loggia Mattei

Zwischen der *Domus Flavia* und dem Stadion war bereits im 14.
Jh. die kleine *Villa degli Stati* entstanden; im 16. Jh. wurde sie von den
Mattei gekauft und mit Lorbeer-, Myrthen- und Zypressenwegen
ausgebaut. Darauf baute die neugotische Villa Mills auf, die abgerissen wurde, als man mit den systematischen Grabungen in den Rui-
nen der Kaiserpaläste begann. Man hat jedoch eine Renaissance-
Loggia gerettet, die sich heute in einem rechteckigen römischen Saal
befinde und aus einer Reihe von drei Säulen aus grauem Granit
besteht, mit ionischen Kapitellen aus Travertin des 16. Jh.s, eiförmi-
gen Stuckdekorationen und Resten der ehemaligen Vergoldung. Die
Decke ist mit „Grotesken" bemalt, unterteilt durch Rahmen und
Friese mit Masken, Lorbeergirlanden beleben die Felder mit mytho-
logischen Szenen. In die Kämpfer sind Ädikulen gemalt mit Musen,
Apoll und Athena; in den Kreuzkappen sind Rundbilder mit den
Tierkreiszeichen zu sehen, während auf den Lunetten Szenen aus
dem Mythus der Venus dargestellt sind. Die Gemälde mit mythologi-
schen Szenen und Tierkreiszeichen wurden abgelöst und gingen ab
Mitte des 19. Jh.s auf die Reise. Dank einer langfristigen Leihgabe der
abgebildeten Szenen, die heute im Besitz des Metropolitan Museum
of Art sind, konnte die malerische Komposition wieder vervollstän-
digt werden; sie ist das einzige Beispiel der Renaissance-Malerei auf
dem Palatin.

aber gleichwohl sehr grazil gestalteten rosa
Blütenblättern mit gebogenen Spitzen.
Ein Kaleidoskop lebendigster Farbtöne
(blau, grün, violett, gelb, rosa), die durch die
Aufhellungen in Gold noch größeren Glanz
erhalten

Loggia Mattei, Ansicht des Gewölbes
nach der Restaurierung

Die *Casa dei Grifi*

Die kaiserlichen Werkstätten haben eine der interessantesten Wohnungen der römischen Republik versiegelt, das zweigeschossige Haus gehörte einem Mitglied der Aristokratie und wurde im 2. Jh. v. Chr. gebaut, um 120-100 v. Chr. bekam es einen bedeutenden Dekorationszyklus. Zwei große Greifvögel aus weißem Stuck in heraldischer Pose vor einem üppigen Akanthusbusch in einer Lunette geben dem Haus seinen Namen (nur nach Voranmeldung). Nach einem Gatter betritt man über eine Treppe den abgedunkelten Raum, wo in Zimmern und auf Mauerresten die ältesten Gemälde des 2. Stils zu sehen sind. Hier ist die erste illusionistische Darstellung von Säulen, die sich von der Wand abheben. Die Wand bietet jedoch noch keinen Ausblick auf einen perspektivisch gestalteten Hintergrund, sondern zeigt eine aufgemalte Mauerstruktur, eine Imitation der schönsten und kostbarsten Marmorsteine: Alabaster, Onyx, Cipollino, Porphyr, Bruchstein, antiker roter und weißer Marmor. Obwohl nur architektonische Motive zur Darstellung kommen, schafft die Malerei die Illusion eines elegant eingerichteten Raumes, wozu auch die schwarz-weißen Fußbodenmosaike beitragen, die durch umlaufende

Casa dei Grifi, Lunette mit Greifen
aus Stuck, nur noch teilweise erhalten

Casa dei Grifi, der große Raum mit vollständig erhaltenen Wänden. Die Bemalung, stärker durchgestaltet als anderswo, besteht aus drei Ebenen mit verschiedener Tiefenwirkung. Die Fresken dieses Raumes wurden abgenommen und ins Museum gebracht, im Zuge einer Renovierung kamen sie an ihren Ursprungsort zurück

Bänder begrenzt sind; eines zeigt in der Mitte das älteste Beispiel Roms eines *Scutulatums*, eines Feldes mit einer perspektivischen Kubuszeichnung (das an die Zeichnung des umlaufenden Sockels an den Wänden anknüpft), aus mehrfarbigem Stein und Marmor. Wenn das größte Archiv der antiken Malerei immer noch in den Städten am Vesuv zu finden ist, so beweisen doch die *Casa dei Grifi* und die anderen freskenbemalten Residenzen des Palatin, dass es die Modelle Roms waren, die sich rasch in das Umland ausgebreitet haben.

Museo Palatino: von den Ursprüngen Roms bis zu den *Fasti Imperiali*

Entstanden in der zweiten Hälfte des 19. Jh.s zur Aufbewahrung der bei den Ausgrabungen auf dem Hügel gefundenen Kunstwerke, hatte verschiedenen Standorte und ein wechselhaftes Schicksal. Erst in jüngster Zeit hat die Soprintendenza archeologica di Roma beschlossen, die Räume des Klosters der Schwestern der Heimsuchung Mariä vollständig zu nutzen, das 1868 über jenem Teil der *Domus Flavia* erbaut worden war, der an die *Augustana* angrenzte. Die klug gemachte Ausstellung zeigt auf zwei Stockwerken die Fundstücke aus der ersten Besiedlung des Hügels und Illustrationen zur Kunst der Kaiserpaläste. Im Erdgeschoss sind die überbauten Originalbauwerke zu sehen, z.B. die Reste eines der beiden Nymphäen des prächtigen *Tricliniums* der *Domus Flavia* und die Ecke eines Wasserbeckens aus der Zeit Neros. Die ersten Säle (I-III) enthalten archäologische Zeugnisse der Vorgeschichte (vom Paläolithikum bis zur Bronzezeit) und Frühgeschichte (10.-7. Jh. v. Chr.). Saal IV zeigt Exponate zum sakralen und religiösen Charakter des Ortes in archaischer und republikanischer Zeit (4.-1. Jh. v. Chr.), die in den Tempeln der *Magna Mater* und der Viktoria oder in Privathäusern gefunden wurden.

Im Obergeschoss sind in Saal V die Symbole der ideologischen Propaganda von Augustus ausgestellt, des ersten Kaisers, der das Aussehen des Palatin radikal veränderte, wie nach ihm Nero (58-68 n. Chr.) (Saal VI). Die Säle VII-VIII und die Galerie (Saal IX) dokumentieren die malerische und bildhauerische Dekoration der Kaiserresidenzen (1.-4. Jh. n. Chr.).

Das Kolosseum-Tal

Das Kolosseum-Tal

Das Tal liegt eingeschlossen zwischen dem Palatin, der Velia (in den dreißiger Jahren abgetragen, um der Via dell'Impero Platz zu machen), dem Fagutale, dem Oppio und dem Celio. Es war in der Antike enger und seit dem 7.-6. Jh. v. Chr. bewohnt. Ende des 6. Jh. v. Chr. wurden die Wasserläufe und die Verkehrswege in diesem Gebiet reguliert. Mit der Zeit wurde es eines der dichtest bevölkerten Wohnviertel Roms, durch das die Triumphstraße zur Via Sacra und zum Forum verlief. Die erste Zäsur ereignete sich 64 n. Chr., als der berühmte Brand auch dieses Viertel zerstörte. Nero nutzte das Tal und die umliegenden Höhen, um die größte kaiserliche Residenz zu bauen, die *Domus Aurea*. In der Mitte des Tales, dort wo später das Flavische Amphitheater stehen sollte, ließ er einen künstlichen See anlegen, der von Portikus und Terrassen umgeben war. Auf der Velia lag an einer Stelle, an der später der Tempel der Venus und der Roma stand, die monumentale Eingangshalle der Residenz; dort stand die riesige Bronzestatue Neros, die von seinen Nachfolgern in die Statue erst Apolls und dann der Sonne umgewandelt wurde. Nach dem Tod des Imperators 68 n. Chr. und wegen der „damnatio memoriae" (der posthumen Auslöschung aller Spuren seines Wirkens) wurden die Bauten im Tal nie beendet und die neue Dynastie der Flavier sorgte für die endgültige Umgestaltung des Tals; es wurde zum Vergnügungsviertel.

Das Kolosseum
Das Flavierprojekt verfolgte sowohl funktionale Zwecke, denn die Stadt hatte noch nie ein stabiles Amphitheater besessen, als auch politische, denn dadurch, dass sie dem Volk den Platz, den Nero beschlagnahmt hatte, zurückgaben, initiierten Vespasian und seine

Im goldenen Licht eines römischen Sonnenuntergangs sind die Ergebnisse der sorgfältigen, aktuellen Restaurierung besonders gut zu sehen

Ein Blick vom Kolosseum
auf die Westseite des Tales.
Im Hintergrund der Konstantinsbogen
und im Vordergrund der Rundbau
der *Meta Sudans* inmitten
der *Domus Aurea*

Das Tal des Kolosseums in einem Foto
von 1880 ca. Privatsammlung

Söhne eine demagogische Operation, mit der die städtische Plebs an das neue Kaiserhaus gebunden werden sollte.

Es wurde von Vespasian kurz nach seiner Thronbesteigung (69 n. Chr.) begonnen und von Titus 80 n. Chr. mit hunderttägigen Spielen eingeweiht. Das Bautempo war also beträchtlich, auch deshalb, weil man auf bereits existierenden Strukturen aufbauen konnte; auch die Kosten waren gewaltig, die im Jüdischen Krieg erbeuteten Reichtümer wurden dafür verausgabt. Domitian ließ die letzten äußeren Ränge und das Untergeschoss unter der Arena zu Ende bauen.

Bereits unter Antoninus Pius (138-161 n. Chr.) waren infolge eines Brandes die ersten Renovierungsmaßnahmen fällig. Brände haben immer wieder das Amphitheater beschädigt. Der Brand mit den schwersten Folgen brach 217 n. Chr. aus. 222 wurde es erneut eingeweiht, aber die Arbeiten gingen noch zwanzig Jahre lang weiter. Nach der Plünderung 410 durch die Westgoten war es auf Jahre hinaus unbenutzbar. Honorius I. und Theodosius II. ließen es zu Beginn des 5. Jh.s restaurieren, aber dann wurde es von Erdbeben erschüttert, die seinen Zustand noch verschlechterten, es wuchs das Desinteresse, in einigen Fällen sogar die Aversion der Kaiser gegen die blutigen Gladiatorenspiele. Im Jahr 438 n. Chr. schuf sie Valentinian III. endgültig ab. Ende des 4. und Anfang des 5. Jh. n. Chr. begann der Raubbau, der sich über Jahrhunderte hinzog. Während des ganzen Mittelalters und der Renaissance diente das Kolosseum als Steinbruch und zu Beginn des 12. Jh.s errichtete die Familie Frangipane einen befestigten Palazzo.

Im Laufe der Jahrhunderte hatte das Monument auch einen sakralen Charakter angenommen, denn die christlichen Quellen wollten wissen, dass hier christliche Martyrer bei den Spielen getötet wurden, und 1720 wurde die Arena zum Schauplatz der Via Crucis. Erst im 19. Jh. jedoch beginnen die ersten systematischen Grabungen. Das Hypogäum wird freigelegt und man errichtet den Backsteinsporn zur Stabilisierung.

Der äußere Ring des Amphitheaters ist beinahe 60 m hoch, die größere Achse der Ellipse misst 188 m, die kleinere 165. Die Fläche um das Bauwerk herum war mit Travertin gepflastert und mit großen

Das Kolosseum, so präsentieren sich die
oberen Ränge des Zuschauerraums
heute

Steinen eingefasst. Der äußere Ring aus Travertin ist in vier übereinander liegende Stockwerke geteilt. Die ersten drei liegen in jung Arkaden mit Halbsäulen in tuskanischer Ordnung im ersten Geschoss, ionischer im zweiten und korinthischer im dritten. Der vierte ist eine Blindattika, von korinthischen Lisenen in quadratische Fenster unterteilt. Darüber ragen Konsolen heraus, um die Pfähle zu verankern, die das große Sonnensegel hielten.

Die Zuschauer betraten den Bau durch die durchgehend nummerierten Arkaden im Erdgeschoss. Die Eingänge an der kleineren Achse waren nicht nummeriert, denn sie waren für Amtspersonen reserviert, und die Eingänge an der großen Achse für die Gladiatoren.

Die Zuschauer steuerten ihre Plätze auf vorgeschriebenen Wegen an. Der Eintritt war kostenlos, aber die Plätze wurden streng nach Zugehörigkeit zur sozialen Klasse zugeteilt; mit diesem System wurde das Publikum hierarchisch aufgeteilt und der Zu- und Abfluss der Menschenmassen erleichtert.

Der unterste Sektor war den Senatoren vorbehalten und hatte Sitze aus Stein. Die noch erhaltenen Inschriften enthalten die Namen ihrer Besitzer, während die anderen Plätze ebenfalls Inschriften haben, aber diese beziehen sich auf soziale Kategorien und ethnische Gruppen. Der zweite Sektor war für die Mitglieder der Ritterschaft. Für die Plebs waren der dritte und vierte Rang vorgesehen, letzterer war aus Holz. Ganz oben mussten auch die Frauen Platz nehmen, ein Zeichen der Geringschätzung, der sie in Rom ausgesetzt waren.

Das Fassungsvermögen des Kolosseums ist noch heute Gegenstand von Debatten. Die antiken Quellen und moderne Messungen jedoch sprechen von einer Zahl knapp unter sechzigtausend. Es fällt heute nicht ganz leicht, sich ein Bild des Bauwerks in der Antike zu machen, weil der unterirdische Bereich völlig einsehbar ist, er war jedoch durch Holzbretter abgedeckt. Hier wurden die Tiere gefangen gehalten und hier befand sich die Vorrichtung, mit deren Hilfe die Bühnenapparate in die Arena gehoben wurden.

Der unterirdische Korridor auf der Zentralachse ging östlich weiter bis zum *Ludus Magnus* und südlich konnte der Kaiser über eine weitere Galerie seine Ehrenloge erreichen.

Auf Seiten 66-67
Das Kolosseum, der Innenraum.
Teilansicht des Zuschauerraumes (*cavea*)
von der Arena aus gesehen

Auf Seiten 68-69
Das Kolosseum, der Innenraum.
In der Mitte, das Hypogäum, ursprünglich
von der Arena verdeckt

Das Kolosseum, das *Ambulacrum*
unterhalb der Arena

Der *Ludus Magnus* und die anderen „Dienstgebäude"

Die größte Gladiatorenkaserne Roms, nur der Nordteil, der durch seine halbelliptische Form wie ein kleines Amphitheater aussieht, wurde zutage gefördert. Um den Zuschauerraum herum lief ein Portikus, von dem die Zellen der Gladiatoren abgingen. Sie trainierten hier nicht nur, sondern lebten auch als Gefangene. Die von Domitian gebaute und von Trajan restaurierte Kaserne war nicht die einzige für die Gladiatoren des Kolosseums. An diesem Platz lagen noch drei weitere Gebäude: der *Ludus Matutinus* für das Personal bei den Tierhetzen, der *Ludus Dacicus* und der *Ludus Gallicus*, die nach der Heimat der dort untergebrachten Gladiatoren benannt waren (Dakien und Gallien). Außerdem die *Castra Misenatium*, die Kaserne der Seeleute von Misenus, die das Sonnensegel spannten, das *Sanitarium*, wo die verwundeten Gladiatoren verarztet wurden, das *Spoliarium*, wo die Leichen hingebracht wurde, das *Armamentarium*, das Waffenlager, das *Summum Choragium* oder Magazin der Bühnentechnik.

Der Konstantinsbogen

Der größte bekannte Triumphbogen steht an der Via dei Trionfi und wurde vom römischen Senat und Volk 315 n. Chr. Konstantin geweiht, um an seinen Sieg über Maxentius an der Milvischen Brücke zu erinnern und seine zehnjährige Herrschaft zu feiern (*Decennalia*).

Im Mittelalter wurde der Bogen in die Befestigungsanlagen der Frangipane integriert und dann am Ende des 15. Jh.s restauriert

Das dreibogige Bauwerk hat den Bogen des Septimius Severus zum Vorbild. Die Tore sind flankiert von vier korinthischen Säulen aus der Zeit des Antoninus (138-161 n. Chr.) auf hohen Sockeln. Seitlich sind Siegesgöttinnen, Genien der Jahreszeiten und Flussgottheiten abgebildet. Oberhalb des Gebälks stehen Statuen von Dakern aus trajanischer Zeit. An allen Seiten verläuft ein Fries aus der Zeit Konstantins mit der Darstellung des Kriegs zwischen Konstantin und Maxentius. An der Südseite zeigt der Fries die Belagerung Veronas und die Schlacht an der Milvischen Brücke. Im oberen Bereich sieht man vier Rundbilder aus Hadrianischer Zeit mit Jagd- und Opferszenen. In der Attika sind neben der Widmungsinschrift

Konstantinsbogen, Südseite

vier Tafeln aus der Zeit von Marcus Aurelius mit Szenen aus den Feldzügen dieses Kaisers. Sie stammen von einem Ehrenmal. An den Schmalseiten zeigt der Konstantin-Fries im W den Aufbruch des Heeres von Mailand, im Osten den triumphalen Einzug Konstantins in Rom nach der Schlacht gegen Maxentius. Die Rundbilder darüber orientieren sich an den Hadrianischen, stammen aber aus der Zeit Konstantins und stellen an der Westseite den Mond/Diana und an der Ostseite die Sonne/Apoll dar. Die Reliefs in der Attika sind zwei von vier Tafeln aus einem Trajanischen Fries mit Schlachtszenen. Die Nordfassade zeigt die Rede des Siegers an die Massen von den *Rostra* auf dem Forum Romanum und die Verteilung von Geschenken an das Volk. In diesen beiden Reliefs taucht der Stil der Kunst im 4. Jh. auf, der auf Jahrhunderte hinaus die westliche bildende Kunst bestimmen sollte. Abseits der formalen Bildsprache ohne jede Eleganz fällt das völlige Fehlen von Perspek-

Konstantinsbogen, der Konstantin-Fries
und zwei hadrianische Rundbilder
oberhalb des kleinen westlichen Bogens

tive und Realismus in der Darstellung auf. Grundlage ist eine rein symbolische Funktion, die vor allem der Hierarchie in der Darstellung Rechnung trägt. In den Hadrianischen Rundbildern oberhalb des Konstantin-Frieses sind Jagd- und Opferszenen dargestellt und die vier Tafeln in der Attika von Marcus Aurelius zeigen jeweils die Ankunft und den Aufbruch des Kaisers, die Beschenkung des Volkes und eine Gnadenszene gegenüber einem Barbarenhäuptling. Im zentralen Bogen befinden sich weitere zwei Tafeln aus dem großen Trajan-Fries. Im O sieht man den triumphalen Einzug des Kaisers in Rom und im W eine Schlachtszene.

Die Szenen unterscheiden sich hinsichtlich Thema, Entstehungszeit und Stil, aber trotzdem stand bei der Auswahl ein präzises Programm im Vordergrund, dem es darum zu tun war, möglichst effektiv die Botschaft zu vermitteln: Konstantin wollte mit diesem Bauwerk nicht nur als Triumphator über seinen Rivalen Maxentius gefeiert werden, sondern auch in geistiger Kontinuität mit den großen Imperatoren des 2 Jh.s stehen, die sich durch eine gute Regierung und ihre Eroberungen ausgezeichnet hatten.

Die *Meta Sudans*

Monumentaler Brunnen, unter Domitian erbaut, bestand aus zwei Teilen: ein Zylinder mit Nischen und ein konischer Körper, den eine Krone in Kugelgestalt schmückte. Die konische Form des zentralen Körpers erinnerte an ein Strohbündel (*meta*) des Zirkus, daher der Name, und „sudans" (schwitzend) steht für das Wasser, das daran herunter lief.

Er stand an der Schnittstelle von vier oder fünf augusteischen Regionen und ebenso vieler Straßen und außerdem auf der Achse der Straße, auf der sich die Triumphzüge vom *Circus Maximus* kommend bis in die Via Sacra hinzogen.

Der Brunnen könnte die monumentale Überhöhung des mythischen Grenzsteines der Romulusstadt sein. Die Quellen erinnern im Übrigen daran, dass hier das Geburtshaus des Augustus stand. Die originelle konische Form wurde von den Gelehrten auch als Anspielung auf den *Baetulum*, das bildlose Symbol Apolls, in dem sich Augustus wiedererkannte.

Der Tempel der Venus und der Roma
auf seinem hohen Podium
vom Kolosseum aus gesehen

Der Tempel der Venus und der Roma

Auf dem mächtigen Podium an der W-Seite des Kolosseum-Tales stehen die Reste des größten Tempels, den es je in Rom gab, 121 n. Chr. auf Geheiß Hadrians errichtet. Hadrian besaß eine enorme literarische und technische Bildung, sein Philhellenismus prägte eine ganze Kunstepoche. Der Tempel wurde an der Stelle gebaut, wo davor die Eingangshalle der *Domus Aurea* stand; deren Fundamente wurden teilweise wiederverwendet, die Orientierung wurde beibehalten. Die riesige Nero-Statue (mindestens 35 m hoch) musste näher ans Amphitheater versetzt werden. Der Tempel mit Anklängen an den Hellenismus stand auf einem großen künstlichen Podium. An den beiden Längsseiten verlief ein doppelter Säulenportikus mit zwei Propyläen in der Mitte, an den Schmalseiten führten Treppen auf den Platz des Kolosseums und zum Forum. Der Tempel hatte zwei sich gegenüber liegende *Cellae* und eine Vorhalle). Von der *Cella* zum Kolosseum hin (der Venus geweiht) hat nur die Apsis überlebt, während die westlich gelegene, die in den ehemaligen Konvent Santa Francesca Romana integriert wurde, noch in gutem Zustand ist. Was man heute sieht, stammt aus einer Renovierung des Jahres 307 unter Maxentius; ein Brand hatte den ganzen zentralen Bereich des Forums zerstört und dem Kaiser den Bau der Basilika ermöglicht.

Die *Domus Aurea*

Die *Domus Aurea*

Der Eingang liegt an der Via della Domus Aurea, die von der Piazza del Colosseo auf den Oppius-Hügel führt.

Nero war nicht der erste, der sich dem Problem einer offiziellen Residenz gestellt hat. Dabei ging es um eine politische Notwendigkeit und nicht um Hang zum Luxus. In Rom trafen fremde Monarchen ein, und viele waren den Lebensstil orientalischer Reiche gewohnt. Bisher hatte man größenwahnsinnige Übertreibungen vermieden und nur den Palatin bebaut. Nero jedoch machte sich nach dem Brand von 64 n. Chr. daran, den vorliegenden Plan durch völlig unübliche Protzigkeit zu übertreffen. Den Platz dazu fand er in den vom Brand zerstörten Wohnquartieren, ganze Viertel wurden abgerissen. Die Größe der *Domus Aurea* ist inzwischen Legende geworden, ebenso die Baumeister, Severus und Celerus, die Architekten und Ingenieure, die mit immer neuen originellen Varianten experimentierten, auch wenn sie sich dabei an den großen Villen am Golf von Neapel orientierten.

Roma domus fiet: Veios migrate Quirites / si non et Veios occupat ista domus! „Rom wird ein einziges Haus: wandert nach Veii aus, Quirites! Vorausgesetzt, dieses Haus macht sich nicht auch in Veii schon breit!" Dieses berühmte Epigramm an der Pasquino-Statue spiegelt den Unmut des Volkes über die Zweckentfremdung von mehr als 80 Hektar wider. Ein Teil der Gebäude auf dem Palatin (*Domus Transitoria*) ist bei den Grabungen in der *Domus Augustana* wieder aufgetaucht, des Palastes von Domitian. Reste der *Domus Aurea* sind auch in der Nähe des Tempels der Venus und der Roma und im Bereich der *Meta Sudans* gefunden worden, wo im Talgrund der *Stagnum Neronis* lag, der zentrale Punkt der Gesamtanlage. Der Teil, den wir am besten kennen, ist der Pavillon auf dem Oppius.

Saal des Achill in Skyros, Gesamtansicht
der Decken- und Apsisbemalung

Unter den wenigen erhaltenen Porträts
von Nero, der mit der *damnatio
memoriae* bestraft wurde, ist dieses
vom Palatin aus den Jahren 59-64 n.Chr.
vielleicht das schönste, denn
es ist hochwertig gearbeitet
und ermöglicht eine sichere
Identifizierung – der massige Kopf
der Domitier, der in den griechischen
Marmor gemeißelte Bart, das etwas
mollige Gesicht und der Haarschnitt nach
der iulisch-claudischen Mode – und vor

Nach einem weiteren Brand 104 n. Chr. ließ Trajan seine Thermen darauf errichten, und dieser Umstand hat den einzigen Bau der *Domus Aurea* gerettet.

Um dieses Bauwerk zu errichten, das von O nach W 370 m lang ist (die heutige Länge beträgt etwa 340 m), musste die Orographie des Hügels verändert werden, d.h. ein Teil musste abgetragen werden. An der W-Seite wurde eine hohe Grenzmauer hochgezogen, während sich an der Nordseite zwei lange Kryptoportiken öffneten, um die Zimmer vor Feuchtigkeit zu schützen und den Durchgangsverkehr des Dienstpersonals zu erleichtern.

Nur der Vorderteil der Anlage steht noch, der hintere Teil erstreckte sich bis auf den Hügel hinauf, aber der Pavillon zum Tal hin war ein eigenständiges Gebilde, ein zweistöckiger Ziegelbau (*opus testaceum*); der zweite Stock landete als Füllmaterial in der Trajan-Baugrube. Die Stockwerke standen durch prächtige Freitreppen miteinander in Verbindung. Der Grundriss war nach der Himmelsrichtung ausgerichtet und zeigte einen ausgeprägten Sinn für Symmetrie, die Räume lagen um zwei fünfeckige Höfe herum. Alle Räume, die ohne Türen, Bad und Heizung waren, dienten der Repräsentation oder der Kurzweil inmitten von Naturschönheiten und Kunstwerken. Dass immer wieder Räume unpassend dazwischen lagen, lag daran, dass bereits existierende Bauten berücksichtigt werden mussten, wegen der Eile dieses riesigen Bauvorhabens wurden sie übernommen. Homogen und harmonisch zeigte sich die Hauptfassade des Palastes, an ihr entlang verlief ein Portikus, das Licht brach durch Höfe, radiale Peristyle, Nymphäen oder einfache Maueröffnungen und erreichte alle Räume, die auf optischen Achsen angelegt waren. Den Raummaßen angemessen muss die Marmoreinrichtung gewesen sein, während die Bemalung sich jedoch der konstruktiven Extravaganz als nicht ebenbürtig erwies. Die Großfresken des sagenhaften Fabullus sind verloren gegangen. Was übrig geblieben ist, besteht in einer Reihe von nicht einmal allzu verschiedenen Fresken, die gekennzeichnet sind durch obsessive Gestaltung auch des winzigsten Details, auf deren flachem Hintergrund eine Art Kalligraphie sich austobt, eine malerische Vision, die vom *Horror Vacui* dominiert ist: So sahen sie die Künstler der

allem, weil es durch sein gekonntes Spiel mit Licht und Schatten die komplexe Persönlichkeit des Imperators durchscheinen lässt, bevor es in den letzten Jahren seiner Herrschaft zum bekannten psychischen Verfall kam

Renaissance und fühlten sich berufen, sie als unerschöpfliches
Reservoire an dekorativen Motiven auszuschlachten.

Von der Wiederentdeckung zum Mythos

Die Flavische Dynastie, die das unbequeme Erbe loswerden
wollte, das mit der absolutistischen Macht Neros assoziiert wurde,
gab das riesige Gelände der Öffentlichkeit zurück. Nach dem
Brand von 104 n. Chr. wollte Trajan seine Thermen auf dem Nero-
Bau aufstocken; das „Goldene Haus" wurde zugeschüttet und

Auf den vorhergehenden Seiten:
Domus Aurea, achteckiger Saal
mit der Lichtöffnung (*lumen*) im Gewölbe

Fenster in Illusionsmalerei mit
Seelandschaft und flüchtig skizzierten
Figuren, ein Beispiel für den
synthetischen Stil der Zeit Neros,
den Plinius erwähnt: „Normale
Wandverkleidungen aus Marmor oder

blieb so erhalten. Den Marmor und die Kunstwerke hatte man
schon entfernt, die Flavier hatten sie auf dem Friedensforum ausgestellt. Die Zimmer wurden als Durchgang genutzt oder zur
Unterbringung von Personal und als Lager. Nur wenige Räume
wurden von der Zuschüttung verschont, hier war das Oratorium
untergebracht, das der heiligen Felicitas geweiht war. Zur Wiederentdeckung kam es zufällig um 1480 herum, als irgendein Neugie-
riger sich in die Höhlen abseilte. Hier lag aufgeklappt das erste
große Buch der antiken Malerei, begeistert eingesehen von den
größten Künstlern der Zeit, die sich im Entdeckerfieber hinunter
wagten. Die Künstler zeichneten diese bizarren Gemälde beim
Schein einer Kerze, um dann bedeutende Palazzi auszumalen (die
Farnesina von Agostino Chigi, Villa Madama, die heiligen Logge
und die Appartements des Vatikans); sie riefen das Genre der
„Grotesken" ins Leben, das nach ihrem Fundort benannt ist. Es
war ein Geschmacksmodell entstanden, das ähnlich wie die Ägyp-
tenmanie, hervorgerufen durch die Feldzüge Napoleons, in ganz
Europa Nachahmer fand.

Die Besichtigung

Die Besichtigung beginnt bei einem der Backsteintore im
Rundbau der Trajan-Thermen. Es geht durch eine der langen
Galerien mit Tonnengewölbe, wo man Grabungsproben erkennt,
die zur Entdeckung von Wohnhäuser geführt haben, die bei der
Errichtung der Kaiserresidenz überbaut wurden. Von diesem
Punkt aus kann man auch einen Blick auf die Zimmerflucht des
Westsektors werfen, der zeitgleich mit dem Palast auf dem Palatin
erbaut wurde, denn er wurde ebenfalls beim Brand von 64 n. Chr.
beschädigt. An der Originalfassade, der heute die Trajan-Tore vor-
gebaut sind, sind noch Fragmente des Marmorsockels des Gewöl-
beportikus erhalten. Im Innern liegen der Saal des „gelben Gewölbes", des „schwarzen Gewölbes" und der berühmte Saal des
Gewölbes mit den „Käuzchen". Die Besichtigung führt an der
Ecke zum Portikus-Garten vorbei, ein wunderschöner Peristyl,
leider in seiner Anmutung nicht mehr erkennbar, denn er wird
von den Mauern des Trajan-Baus durchschnitten, und setzt dann

Oberflächen, welche die Berge
in die Schlafzimmer tragen, gefallen
ja nicht mehr. Wir haben angefangen,
auf Marmor zu malen. Das ist unter dem
Prinzipat von Claudius erfunden worden,
während unter Nero ein Weg gefunden

wurde, die Einförmigkeit des Marmors
zu variieren, indem Flecken auf seine
Oberfläche gemalt wurden, die vorher
nicht da waren."

Kryptoportikus, Architekturmalerei,
zwischen Quadraten und den üblichen
Girlanden fallen phantastische Tiere,
Vögel, Blumen und sogar „ägyptische"
Figuren wie der Gott Anubis auf

Ein Raum der *Domus Aurea*, in der Mitte die Marmorstatue der Muse der Dichtkunst, Terpsichore, die bei den Grabungen in der Nachkriegszeit zutage kam. Einige nehmen an, sie war Teil einer größeren Gruppe, das Kopie eines Originals von Praxiteles, das durch den Konsul Lucius Mummius nach der Einnahme Korinths 146 n.Chr. nach Rom kam

Nymphäum des Odysseus
und des Polyphem

im Ostsektor fort, der um zwei fünfeckige Höfe herum liegt. Wir befinden uns im „Adler"-Korridor, der nach seiner prächtigen Bemalung so genannt wird: Raubvögel wechseln mit Pfauen und anderen Vögeln in heraldischer Stellung, ein großartiger Rahmen für das zentrale Bildfeld, in dem Ariadne von Theseus im Stich gelassen wird.

Die Statue der Terpsichore, der Muse der Sangeskunst, steht vor einer tiefroten Wand und ist eine der wenigen erhaltenen Skulpturen, ein Hinweis auf das ornamentale Programm des dichtenden Kaisers.

Wir sind in einen architektonisch äußerst interessanten Abschnitt eingetreten, das Nymphäum des Odysseus und des Polyphem, das ursprünglich Licht aus acht Fenstern erhielt; an der hinteren Wand floss Wasser hinunter und sammelte sich in einem Becken. Am Gewölbe ist noch ein Teil des Mosaiks mit Odysseus erhalten, der einem halb hingestreckten Polyphem einen Weinkelch reicht. Die Szene war sehr en vogue in den Nymphäen der Iulisch-Claudischen Epoche wegen ihres legendären Original-

Nymphäum des Odysseus
und des Polyphem, Ausschnitt
aus dem zentralen Medaillon (*emblema*),
Odysseus reicht dem Zyklopen einen
Weinkelch

schauplatzes. Die Bimssteinschicht an der Decke verleiht dem Saal eine realistische Höhlenwirkung, wobei die Atmosphäre einer eindrucksvoll ausgeleuchteten Meereshöhle entsteht. Wir betreten jetzt den hügelseitigen Ostflügel mit seinen engen, unregelmäßig zugeschnittenen Räumen, die von der Mauer der *Claudischen Horrea* (Speicher) geschnitten werden. Nachdem wir einen kurzen Blick in den Hof geworfen haben, auf den die Fenster des Nymphäums gingen, durchqueren wir jetzt Zimmer und den Korridor, der ursprünglich zu den Wiesen des polygonalen, zum *Stagnum Neronis* abfallenden Hofes hin offen war, unter Trajan jedoch zugeschüttet wurde; an der Seite gegenüber lagen die wichtigsten Repräsentationsräume.

Der größte, axial angelegte, ist der Saal mit dem „goldenen Gewölbe", von dessen Glanz noch die großartigen Stuckfächer am Tonnengewölbe erhalten sind. Um den Saal läuft ein Korridor, ein signifikantes Beispiel für die Bemalung im 4. Stil: elegante Kandelaber und Architekturen, perspektivische Fluchtpunkte, schlanke Säulen, auf denen Vögel hocken, kleinformatige Landschaften und Stillleben.

Nach einer Ecke betreten wir den langen Kryptoportikus, der an der gesamten Rückseite entlang läuft. Das Licht fiel durch die Öffnungen im Tonnengewölbe und durch die konisch geformten Fenster in den Wänden. Wir biegen nach rechts ab, parallel zum fünfeckigen Hof; links von uns liegen zahlreiche ineinander verschachtelte Räume. Wir kommen nun in den Bereich, der von dem weit gespannten und originellen achteckigen Saal dominiert wird. Davor jedoch empfiehlt es sich, die Seitenräume zu erkunden. Der erste Raum präsentiert sich mit einem schwarz-weißen Mosaikfußboden. Nach wenigen Metern befinden wir uns an einem symbolischen Ort des Gebäudes, der Saal von Achill in Skyros. Die Wände waren einst mit Marmor verkleidet, hinten öffnet sich eine tiefe Apsis mit einem Muschelabschluss. Im besterhaltenen Feld ist eine berühmte Szene der Ilias festgehalten: Odysseus enttarnt Achill, der von seiner Mutter Thetis am Hof von Lykomedes versteckt wurde; sie hatte ihn im Kreis der Töchter des Königs in Frauenkleider gesteckt, damit er keinen Kriegsdienst leiste. Der

Saal des Hektor und der Andromache,
Decke, Abfolge von Dekorationsfeldern

Abdrücke eines Fußbodens in *Opus
sectile*

Held interessierte sich jedoch nicht so sehr für die Bänder und
Spangen als vielmehr für die blitzenden Waffen, die Odysseus als
Händler verkleidet dem Hof angeboten hatte. Die Szene ist als
vielschichtige Komposition angelegt, um Tiefe vorzutäuschen.

Von fünf strahlenförmig angeordneten Räumen ist der mittlere
ein Nymphäum mit einem Wasserspiel. Die beiden seitlichen Zimmer haben einen kreuzförmigen Grundriss mit tiefen tonnenge-
wölbten Nischen, die mit der Haupttonne und mit der Betonkuppel
des zentralen Raumes in Verbindung stehen. Diese gewagte Inge-
nieursleistung hatte ihre Vorbilder in den Villen und Thermen Kam-
paniens und sollte von der Kuppel des Pantheon oder der Hadrians-
villa noch übertroffen werden. Sie liegt auf einem Oktagon auf, wird
jedoch nach oben halbkreisförmig, ohne Zwickel, bis zur großen

Saal des Hektor und der Andromache,
Bildfläche seitlich vom Gewölbe,
Abschiedsszene zwischen Hektor
und Andromache